KB003330

이름에 詩 날개 달다

인물 삼행시

김명수. 어준혁 지음

말 한마디로 '천냥빚'을 갚는다. 말의 소중함을 일깨워 주는 우리말 속담이다. 감정 가득 섞인 말을 입 밖으로 툭툭 내뱉어서 상대의 기분을 싸늘하게 만드는 사람이 있는가 하면 공감을 주는 말로 꽁꽁 얼어붙은 분위기도 훈훈하게 녹여 주는 사람이 있다.

우리는 누군가의 이름을 부를 때 별다른 생각 없이 '아무개씨!' 할 때가 많다. 틀린 말은 아니다. 하지만 앞으로는 이름 앞에 멋진 수식어를 붙여보면 어떨까.

침묵이 금이던 시대는 지났다. 지금은 홍보 마케팅 시대다. 날이 갈수록 각박해지고 한 치 앞도 예측할 수 없는 혼돈의 시대에서 살아남기 위해서는 자신을 홍보하고 차별화된 자기 브랜드가 필수적이다.

가장 쉽고 간단한 자기 브랜드는 차별화된 호칭이다. 그중 하나가 이름 앞에 붙는 삼행시다. 이행시도 좋고, 사행시, 오행시, 자유시도 좋다.

　그렇다고 일정한 형식을 고집할 필요도 없다. 시(詩)의 다양성이라고나 할까! 자신의 입맛대로 자유자재로 삼행시를 짓다 보면 자연스럽게 생각이 많아져 사고력도 기르고 글쓰기에도 큰 도움이 된다.

　저자의 집필 동기 또한 이와 다르지 않다. 다양하게 등장하는 이름 앞에 2행시, 3행시, 4행시, 자유시 등 빛나는 시(詩) 날개를 달았다.
　이 책이 독자들에게 '생각의 힘'을 키우고 자기 브랜드의 가치를 높여주는 디딤돌 역할이 되었으면 좋겠다.

2022년 7월5일
저자 김명수, 어준혁

목차

1장 삼행시로 소개하는 인물편

2장 자유시로 소개하는 인물편

3장 N행 시마당

1장

삼행시로
소개하는
인 물 편

강병곤

강산이 5번 바뀌도록 지켜봐도 한결같은 사람

병역의무 명 받고 입대할 때 훈련소까지 동행해 준 찐 우정

곤궁에 처했을 때도 외면하지 않고 곁을 지켜준 친구

고원태

고원태는 세계 최초로 하늘을 날았던 우리 비행기 비거를 다룬 항공소설을 썼다

원거리를 나는 비행기의 뿌리는 조선조 '비거'에서 출발했다

태극기의 나라 코리아가 세계 비행기의 원조 국가라는 사실을 밝혀낸 인물, 바로 고원태다

구재영

구성진 목소리의 덕분에 원조 가수

재능기부 트롯가수로 인기 상승

영혼을 실어 노래하는 가수

김경신

김경신은 한국에서보다 해외에서 더 유명한 한지 조형작가다

경쟁 상대가 없을 정도로 세계 최고의 명성을 자랑한다

신의 경지에 오른 그의 작품은 해외 전시회를 열 때마다 완판
   될 정도로 인기가 높다

김민주

김포, 인천 국제선을 타고 전 세계를 다 돌아봤지만

민주같이 이쁘고 잘 생긴 여자를 본 적이 없다

주님께 감사 드립니다 이런 딸을 내게 주셔서~~

김순영

김순영 소나무 화가의 그림은 독보적이다

순위로 치면 단연 세계 최고요

영원히 역사에 남을 명작이다

김승도

김승도 국학삼법기수련세계총본부 총재는 한국이 낳은 세계
　적 초능력자다

승인을 세계 기네스 3개 부문이나 받고 미 우주본부에서 초
　청 강의까지 한 인물이다

도인 세계 대회에서도 그의 초능력 시범은 최고의 스포트라이
　트를 받는다

김용남

김용남은 사랑의 집배원 가수

용솟음치는 꿈과 열정으로 주중에는 우편물을 배달하고, 주
   말에는 가수로 활동한다

남을 위해 봉사하고 재능 기부하는 선행도 금메달감이다

김용진

김용진 박사는 초고속전뇌학습법을 개발한 세계전뇌학습아
카데미 회장이다

용이 개천에서 나는 기적을 창출하는 천재 양성 세계 최고 전
문가다

진퇴양난에 빠진 전교 꼴찌 학생이 그의 학습법으로 전교 수
석을 차지한 사례도 수없이 많다

김웅회

김웅회는 농촌 빈집 활용 전국 대상받은 충북 증평 죽리 삼
　　보산골마을 이장

웅변가도 달변가도 아니지만 진정성으로 주민들의 공감을 끌
　　어낸 마을의 참 일꾼

회사건 마을이건 국가건 김웅회 이장을 보면 리더에 따라서
　　흥망성쇠가 달려 있다

김정환

김정환은 분위기 메이커

정이 넘치고 유머와 재치도 많아

환한 미소로 분위기를 띄워주는 칭찬의 달인

김천섭

김천섭은 공직 은퇴 후 학교 배움터 지킴이로 인생 이막의 소
  확행을 즐기며 살아간다

천년이 가도 기억에 남을 사람이다

섭섭한 일이 생기면 먼저 화해하고 손을 잡아준다

김태연

김태연은 'Can Do' 정신으로 미 실리콘밸리의 신화 일군 TYK
그룹 회장

태권도 10단의 무술고수로 미국 태권도 명예의 전당에 오른
'Grandmaster'

연고가 전혀 없는 미국에 무일푼 맨몸으로 건너가 세계가 주
목하는 글로벌파워우먼으로 우뚝섰다

김현식

김(명수)씨 가문의 보물1호

현명함은 솔로몬을 닮았고

식은죽 먹기로 맡은 일을 완벽하고 빠르게 처리하는 능력자

노도윤

노(NO)가 없다 지구를 세바퀴 반 돈 그의 세계여행은 365일 무조건 YES다

도쿄 뉴욕 파리 런던 등 지구촌 1000개 도시, 150개국을 여행한 세계여행전문가다

윤채(윤이 나는 빛깔)의 오로라도, 우유니 소금사막도, 초호화 크루즈도 모두 섭렵한 그의 여행은 지금도 진행형이다

노미경

노미경은 지구를 세바퀴 반 돈 세계여행 전문가

미국, 유럽, 아프리카 등 지구촌 구석구석 150개국, 1000개
　도시를 누비고 다녔다

경제 선진국에서도, 경제 최빈국에서도 현지에 가면 보고 듣
　고 배울점이 많았다고 회고한다

류동선

류동선은 대한민국 최고의 양복 명장

동서남북 전국에서 그의 명품 수제 양복을 찾는 단골이 많다

선수로 치면 세계 챔피언급이고 양복계의 거장이다

링컨문

링컨문은 하루에 천 권의 책을 읽고 매일 새벽 미CNN, 일 NHK를 청취하는 '외국어의 신' 문성열의 영어 이름이다

컨테이너로도 그가 평생 독파한 영어 일어 전문 서적을 모두 담을 수가 없다

문을 열고 그의 집에 들어가면 외국어 전문 도서관으로 착각 할 정도로 책이 넘쳐난다

박상덕

박사 뺨치는 인쇄업 손기술의 최고수

상위 백만 명 중의 한 명

덕담으로 표현하면 세계 기네스에 오르고도 남을 인물

박성자

박학다식한 사람 만 명과도 바꿀 수 없는 여자

성벽같은 믿음으로 가족 위해 밤낮으로 기도하는 사람

자석처럼 죽는 날까지 함께하고 싶은 단 한 사람

박현주

박물관에서 박제된 지식인이 아니다

현장에서 상대의 마음을 움직이는 공감스페셜리스트다

주조연 따로 놀지 않고 그를 만나면 모두 주인공이 된다

백낙영

백낙영은 세계최초 수용성 유황규산 친환경 농자재 '오복이'
개발한 코시팜스 대표

낙후된 농촌을 살리고 국가도 살리는 미래형 신개념 농법의
선두주자다

영양가 높은 고기능성 먹거리 생산으로 친환경 농민들의 부
가가치 높여 주는 효자 노릇 톡톡

서일정

서일정은 '당신 멋져! 원더풀!' 외치는 성공사관학교 총장

일류 명품 강의 3500번 찍고 2030년까지 5000번 목표

정열과 열정으로 뭉친 그는 고려대학교 명강사 최고위과정 대
　표강사로도 활동

손유순

손유순은 고려청자 재현한 도예 명장

유아더 베스트(You are the best) 청자 참나무 재유로 시유한 소
정의 칠보향로

순간 이동해서 천년의 비색을 마주하는 착각이 든다

신용선

신뢰와 긍정의 가치관으로 자기계발과 업그레이드를 계속해
오고 있다

용솟음치는 추진력과 도전 정신으로 환갑 넘어 박사 따고 교
수가 된 고령화 장수시대 시니어의 롤모델 케이스다

선한 영향력으로 후학을 양성하고 기업심사 평가위원으로 왕
성하게 활동하는 영원한 현역이다

아버지

아버지의 아들로 태어나 감사하고 행복합니다

버선발로 뛰어나와 첫휴가 나온 저를 안아주신 아버지의 큰
  사랑을 그 때 알았습니다

지치고 힘들 때마다 이 못난 아들은 천상의 아버지를 떠올리
  며 힘을 얻고 있습니다

어머니

어머니! 당신은 제게 하늘입니다

머나먼 나라 천상에 계시지만 어머니는 제 가슴에 영원히 살
  아계십니다

니체가 신은 죽었다고 말했지만 저는 어머니가 하늘나라에서
  주님의 빛나는 얼굴을 뵈옵고 있다고 굳게 믿습니다

어전귀

어전귀는 고층자전거 세계 기네스 기록 보유자

전 세계에서 유일하게 고층 자전거를 혼자 올라타고, 달리고,
멈추고, 내리고, 계단까지 오른다

귀신이 곡할 재주를 부리는 자전거의 신, 자전거 달인, 자전거
명인, 명장 그의 이름 앞에 붙은 수식어가 이토록 많다

연태극기

연태극기는 나라 사랑 태극기 보급 운동가

태극기 문양 옷차림에 태극기를 앞세운 자전거를 타고 충주
　시내 곳곳을 누빈다

극진한 태극기 사랑에 이름도 연종택에서 연태극기로 바꿨다

기승을 부리는 코로나 시국을 맞이하여 국가 행사나 다름없
　는 경축일 행사를 집에서 개최한 애국자다

유광선

유일무이한 딱 한사람

광산에 묻힌 금노다지 같은 사람

선하고 긍정의 마인드로 인생 200년을 설계하고 전력 질주하
는 사람

유지선

유지선은 공예 창업교육 전문가다

지도사 자격증이 다수이고 특히 경력 단절 여성들의 잠재력
을 끌어내는 능력이 탁월하다

선한 영향력을 주는 창업멘토로도 왕성하게 활동하고 있다

유차영

유창한 화술과 공감 능력의 소유자

차분한 지성도 겸비했다

영상으로 유행가에 스토리를 담아 소개하는 유행가 스토리텔러다

이강철

이토록 팔방미인의 재능을 지닌 사람 또 있을까!

강한 울림을 주는 시인이자 시낭송가이고 모델, 배우, MC로
　종횡무진한다

철이 바뀌고 세월이 흘러도 그의 재능이 녹슬기는커녕 더욱
　빛을 발한다

이근봉

이근봉은 독도수호 국민연합 상임총재

근현대사를 망라하여 독도 수호에 이토록 헌신한 애국자가
   과연 몇 명이나 될까

'**봉**쇄하자 일본의 독도 침탈 야욕' 주장하며 평생 외길을 걸어
   왔다

이돈희

이돈희 선생은 아버지날, 노인의날, 세계어버이날 만든 이

돈과 명예와 권력보다 효친경로 사상의 부활이 으뜸이라고
강조한다

희생하고 헌신한 노인을 외면하면 국가의 미래도 희망도 없다
고 경고한다

이미혜

이미혜는 방송3사 드라마 공모에 모두 당선된 작가

미래 현재 과거를 품은 무녀의 한을 담은 토구름은 시나리오
공모 당선작

혜안이 뛰어나 베스트극장 공모 최종심에 두 개의 작품을 동
시에 올리기도 한 실력파다

이봉후

이런 사람 세상에 또 없다

봉황이 새중의 왕이라면 그는 도전의 끝판왕

후세에 길이 빛날 그의 이름은 대륙양행 회장 이봉후

이선구

이선구 목사는 생명을 살리는 사랑의쌀 나눔운동본부 이사장

선한 국제 앵벌이가 되어 가난하고 굶주린 영혼들을 위해 저
의 삶을 드리겠습니다

구세주같이 온몸으로 나눔을 실천하고도 모자라 이토록 간
절하게 기도하고 다짐한다

이영만

이영만 박사는 은평치과를 운영하면서 봉사, 작사, 노래하는
　낭만치과의사다

영화 '1958' 주연배우이고, 발명가이며 등단시인이자 싱어송
　라이터다

만능 재주꾼으로 남진의 '모정', 송대관의 '덕분에' 등 30여
　곡을 작사했고 '바람같은 사랑'은 직접 불렀다

이윤숙

이윤숙은 바른 걸음 바른 자세 골반파워 워킹 창시자

윤활유 역할을 하는 골반파워 워킹은 최고의 건강 비결이라
고 강조한다

숙련도 높은 건강 전도사 이윤숙 원장의 걸음걸이는 언제봐
도 위풍당당하다

이장락

이장락 고려전기소방안전관리 대표는 어려서 온몸이 종합병
　동이었다

장애와 병마를 극복하고 2개 회사를 거느린 CEO로 우뚝섰다

락(樂)이 없는 컴플렉스와 열등감을 최고의 삶으로 바꾼 인간
　승리의 주인공이 되었다

이종관

이 세상에서 이런 사람을 만난 것은 인생 최대 행운이다

종횡무진하며 획득한 세계 기록이 차고 넘치는 기록 그랜드마
스터

관상학의 차원을 넘어 세계 최초로 인상마케팅을 창시한 인물
이다

전태수

전태수는 전문 수제화업체 JS슈즈디자인연구소 대표

태산같은 뚝심으로 평생 외길 걸어온 그의 명품 구두를 안 신어본 사람은 있어도 한 번만 신어본 사람은 없다

수제구두 베스트 명장이자 서울 성수동 수제화의 산증인이다

조영관

조상대대로부터 지혜와 교훈을 배우고 현재에 노력하며

영웅으로 혼자 우뚝 서서 앞서가기보다

관연 학연 혈연 넘어 함께 잘사는 사회 건설에 헌신하는 도전맨

조정연

조용하면서 강한 외유내강형

정이 많고 친구들 모임 때마다 멋진 추억의 사진 찍어 감동을
준다

연말에 한해를 되돌아보며 가장 기억에 남을 사람으로 꼽히
는 남자

최상용

최고는 아니지만 매사에 최선을 다해 살아온 사람

상상 이상으로 만날수록 매력 넘치는 사람

용서와 화해로 경쟁자도 아군으로 만드는 남자

최수경

최면 걸리듯 출판과 저술 집필을 필생의 업으로 쌓아왔다

수백 권의 책을 출간한 의리의 경상도 사나이로 거미줄 인맥을 자랑하는 전국구이다

경력도 다채롭고 특이하다 신학대 졸업 후 월간지 편집장과 신문기자를 거쳐 출판사를 경영하면서 최근에는 인터넷 신문사까지 접수했다

최진일

최진일은 자연치유 전문가

진짜가 나타났다 '장영실 차세대 대체의학 대상' 수상하고 세
계에서 유일하게 대체의학분야로 미국 FDA 승인받은 사람

일평생 자연의 길 안내자로 살아온 그는 자신이 개발한 자연
치유로 인류를 코로나로부터 해방시켜주고 싶어한다

한한국

한글로 세계평화지도를 그리는 세계평화 작가이자 세계평화
홍보대사

한국을 너무 사랑해서 이름도 한국으로 지었다

국가를 넘어 지구상에서 유일무이한 그의 모든 작업은 세계
기록으로 축적된다

현달형

현재와 과거 역사를 통틀어 역대 최고의 주먹정권단련 명인

달인의 경지를 넘은 대한국제종합팔굽혀펴기 총연맹 총재

형용할 말이 없다 비교할 수도 없다 시멘트 벽돌 위에서 주먹
쥐고 팔굽혀펴기 1시간에 2,493회 기록

홍사욱

홍차같이 찐하게 우러나는 인간미가 짱이다

사람을 끌어당기는 묘한 매력의 사나이

욱하는 성격도 끝까지 참아낸다

황명찬

황금같은 굿 아이디어로 무장한 아이디어 전도사

명품 아이디어를 살리고 활용하는 능력이 천부적이다

찬스를 놓친 사람들에게도 기회를 만들어주는 멘토 강사로
　도 유명하다

황수진

황금손을 가진 만능 재주꾼

수많은 사람을 인터뷰한 베테랑 인물 작가이자 명품 사진 촬영의 고수다

진짜 그녀의 숨은 매력은 진정성과 정의감

황인구

황금보화보다 더 친구를 소중히 여기고 품어주는 농촌 지킴이

인구 5천만이 넘는 대한민국을 다 훑어봐도 이런 친구를 만
난다는 보장이 없다

구만리 몸은 떨어져 있어도 매일 카톡으로 우정을 나누고 소
통하는 그대는 찐 친구

황종문

황제다, 그는 국제자원봉사의 황제

종횡무진 국경을 넘나들며 평생 봉사를 해왔다

문제가 되지 않는다 코로나도 국제자원봉사총연합회장에게는

2장

자유시로
소개하는
인물 편

강병곤

호기심은 넘쳐 흐르고
학구열은 펄펄 끓는다

전공분야가 다양하다

대학은 농업생명화학
석박사는 공대와 약대

그의 가장 큰 재산은

다양성과 오뚝이 정신이다

배운 학문을 융합하고

쓰러질지언정 포기는 없다

구재영

덕분에 열풍 몰고온 덕분에 원조 가수다

의료진에 감사와 격려 코로나송도 부른다

몸에 밴 재능 기부에 인성까지 빛이 나는 재능기부 트롯 가수다

김순영

전국 유명 솔밭을 화폭에 옮겨 심는 소나무화 베스트 명장

국내외서 62회 개인전을 열었으며 그동안 그린 소나무 그림이 600점, 6,000그루

최대, 최다 기네스 기록 보유자로 지금도 계속 경신중에 있다

김호관

환갑 넘어 라이딩 입문
전국을 자전거로 일주

그랜드 슬램 찍었다

시 쓰기에도 관심 폭발
시집까지 낸 멋쟁이다

두 바퀴에 인생을 싣고
그는 오늘도 질주한다

문성열

고졸 출신 독학으로 영어, 일어 최고 경지

외국어 전문 서적 하루 천 권씩 읽고

새벽 2시에 미, 일 tv뉴스 청취

기자는 그를 외국어의 신이라 부른다

손유순 명장

천년의 비색 고려청자
완벽 재현한 도예명장

도예가이자 시인이며
수필가로도 명성높아

팔방 미인의 인생고수
탁월한 능력이 또있지

인물사진에 글을 실어
전문가들을 소개한다

소정의 작품을 보면서
기분좋게 하루를 연다

신용선

늦은 나이에 공부 시작

60넘어 박사 취득하고 모교 대학 교수로 변신

기업 평가, 컨설팅, 교수로 왕성하게 활동하는 액티브시니어다

유차영

군 요직을 두루 거치며 승승장구했던 능력자
전역 후에도 잘 나간다
국내 제 1호 유행가 스토리텔러
유차영이 하는 일이다

세상에 없던 장르를 그가 직접 만들어냈다

과거 원로 가수부터 최신 트롯 스타까지
한국 가요의 스토리가 그의 손안에 들어 있다

유행가와 가수에게 맛깔난 스토리를 실어 훨훨 날개를 달아
준다
유행가 스토리텔러
매력이 넘치는 장르다
유차영이 그 길을 가고 있다

이종관

기록 그랜드마스터라고 쓰고 이종관이라고 읽는다

기록, 연구, 학문, 발명에 관성의 법칙처럼 이끌려 평생을 몰두해 왔다

국내외 유명 대학을 두루 거친 '멀티박사'라는 표현으로도 설명이 부족하다

이홍열

세계 인구 78억 명
남한 인구 5,182만 명
많고 많은 사람 중에
자랑하고 싶은 친구

궂은일을 도맡아 하고
먼저 손을 내밀어 준다

스타도 아니고
잘난 사람도 아니고
유명인도 아니지만

사람들이 많을 수록
빛이 나는 사람이다
발광체 같은 사람이다

조영관 시민운동가

그의 하루는 28시간
24시간 + 4시간이다

시민운동 국가대표로
주말 휴일은 더 바쁘다

상생과 윈윈을 모토로
더불어 함께 손을 잡고

천년 후까지 내다보며
통큰 미래를 설계한다

과거에서 지혜를 얻고
현재에 최선을 다하며

길없는 길을 열어가는
조영관은 미래형 인간

황상규

가슴이 뜨거운 남자다

백사장에서 말을 타고 명견 레이스를 펼친다

제주에서 시를 쓰고

마음이 움직이면 미국, 호주, 마카오로 거침없이 길을 떠난다

3장

N 행
시 마 당

나이

나이야 가라 폭포를 보라! 나이가 대수냐!

이 몸 늙어 칠순을 바라보지만 '맴'은 아직 '청춘'이다

도전

도전을 세 글자로 말하면 전성기다

전성기는 나이와 상관없이 도전을 멈추지 않는한 계속된다

바다

바다같이 넓은 마음을 갖고 싶다

다음 생애는 전 세계 구석구석 실핏줄같이 흐르는 물을 하나
로 통합하여 모두 품은 통큰 바다로 태어나고 싶다

일출

일손이 안잡힐 정도로 다사다난했던 2021년이 저물어간다

출렁이는 바다 위에 붉은 해가 떠오른다 꿈과 희망 실은
  2022년 새해 첫 일출이다

건물주

건드리지마 건들면 다쳐

물질만능시대 가장 으뜸으로 치는 건물주가 바로 나야 나

주님 중에 최고의 주님은 건물주라고 많은 사람들이 말한다

고스톱

고리 뜯는 재미가 쏠쏠하다

스(쓰)리고에 쌍피박이면 왕창 딴다

톱뉴스로 판돈 수십 억 고스톱을 친 사기도박단이 검거됐다
　고 나온다

기다림

기다리는 시간은 왜 이리 지겨운지 모르겠다

다와간다는 전화를 받은 지 벌써 30분 지났다

림(임)계점을 넘어 꼭지가 돌기 직전이다

요양원

요즘 노년을 요양원에서 보내는 사람이 넘쳐난다

양질의 삶은 99세까지 팔팔하게 살고 이삼일 앓다가 죽는 9988234

원장님은 요양원이 100세 시대 생명 연장의 최후 보루라고 말한다

차한잔

차가운 겨울에 따뜻한 차 한잔 마시면 얼어붙은 마음이 훈훈
  해진다

한숨 길게 내쉬고 따뜻한 차 한잔에 한숨을 타서 천천히 들이
  마신다

잔에 남아있는 한 줌의 그리움까지 마시고 나면 속까지 후련
  해진다

코로나

코로 입으로 눈으로 무차별 침입해서 인간의 생명을 위협하는
지구상 최악의 불청객

로그인을 아무리 차단해도 막무가내로 쳐들어오는 너는 천하
의 무법자

나라 전체가 너로 인해 큰 혼란에 빠졌고 공포에 떨고 있는
인류의 고통을 안다면 지금 당장 지구를 떠나거라

대륙양행

대한민국을 넘어 오대양육대륙을 모두 품었다

육지와 바다를 누비는 강소기업이다

양심을 속이지 않고 고객을 군주처럼 섬기는 회사

행동하는 양심 이봉후 회장의 피와 땀으로 쌓아올린 대륙양
행이다

대한민국

대대로 이어온 5000년 역사와 전통

한류, 한글, 한강의 기적을 이룬 세계 10대 경제 대국

민족이 똘똘 뭉쳐 부국강병의 기적을 만들어낸다

국가부도위기를 극복한 사례가 수없이 많다

숨은 재주

숨겨놓은 재산이 얼마나 많을까

은폐하고 세탁한 돈 들통난 정치인들 입이 열 개라도 할말
  없지

재물 욕심이 밑도 끝도 없이 많은 사람들

주제 넘게 입으로만 국민을 위해 일하고 국민의 심복이라는
  헛소리를 365일 달고 산다

은평치과

은평치과는 서울 지하철 3호선 불광역 6번출구에 있다

평판 좋고 실력 있는 낭만치과의사 이영만 박사의 진료를 한 번이라도 받으면 평생 단골로 이어진다

치과하면 은평치과

과거 현재를 통틀어 가장 추천하고 싶은 치과다

노작가의 아지트

노미경 세계 여행 전문가가 운영하는 국내 제1호 여행카페

작가가 세계 여행지에서 수집한 각국의 기념품들이 카페 벽면
을 가득 채웠다

가장 세계 여행을 많이 한 노미경씨가 2020년 10월에 오픈했다

의리 있고 배짱 두둑한 그를 좋아하는 여행 마니아 팬들도 많
이 온다

아지트의 노미경 대표는 세계테마기행 방송 프로에도 출연했다

지구를 세바퀴 반 돈 여자

트인 여자 노미경 세계 여행가의 아지트에 가면 맛과 멋과 여
행 분위기를 만끽할 수 있다

도전한국인본부

도전의 아이콘 조영관 박사가 2012년 창설하여 오늘에 이르
   고 있다

전국을 넘어 세계의 도전인을 발굴 격려하고 명품 명인을 인
   증 시상해 오고 있다

한 사람의 열걸음보다 열 사람의 한걸음 정신으로

국민이 다 함께 잘사는 사회를 추구하고 있다

인연 혈연 지연 학연을 초월하여 서로 손잡고 더불어 함께 웃
   는 사회

본인이 먼저 솔선수범하고

부와 명예 권력보다 가치 있는 삶을 더 높이 평가한다

아메리카노 커피

아저씨도, 아가씨도, 아줌마도 습관처럼 마신다

메뉴도 보지 않고 아메리카노 커피를 주문한다

리듬에 맞춰 쌈바춤을 추는 나라 브라질이 최대 원산지다

카페인 없는 아메리카노는 주로 임산부들이 즐겨 마신다

노천 카페에서 백발의 노부부가 아메리카노를 마시는 모습이
　　너무 아름답다

커피하면 십중 팔구는 아메리카노를 떠올린다

피할수 없는 필수 기호식품이 되었다 그 이름 아메리카노 커피

이름에 詩 날개 달다
인물 삼행시

지 은 이 ㅣ 김명수, 어준혁
만 든 이 ㅣ 최수경
만 든 곳 ㅣ 글마당 앤 아이디얼북스
(출판등록 제2008-000048호)

만 든 날 ㅣ 2022년 8월 1일
펴 낸 날 ㅣ 2022년 8월 7일
주   소 ㅣ 서울시 종로구 인사동길 49 (안녕인사동 3F) 301호
전   화 ㅣ 02. 786.4284
팩   스 ㅣ 02. 6280. 9003
홈페이지 ㅣ www.idealbooks.kr
이 메 일 ㅣ gul@idealbooks.kr

ISBN 979-11-978822-2-7(03300)

책값 12,000원